子どもの心が
どんどん
軽くなる

家庭でできる
"表現
アートセラピー"

文と絵
吉田エリ

創元社

1章　創造のとびら「わたしはだれ?」

2章　表現のとびら「きみは何者?」

3章　探検のとびら「王様はどこにいる?」

4章 成長のとびら 「青い鳥をさがして」

［装幀、本文デザイン］
小守いつみ(HON DESIGN)

［編集］
林 聡子

まえがき

　絵画教室で表現アートセラピーを提供しはじめた頃、教室にやって来た子どもが、白い紙に自由に描くことをためらうことがありました。子どもは本来、お絵かきが好きなものなのですが、学校に行く頃から何かのきっかけで自信を失い、積極的に描かなくなってしまうのです。

　そんな子どもたちも、アトリエで自由に描く楽しさを体験するうちに、だんだんと明るさをとりもどし、自分の話もよくしてくれるようになっていきました。

　はじめは、うまくコミュニケーションがとれない子どもとの関係に戸惑うこともありましたが、創作している姿を興味深く見ているうちに、描く絵や表情が変わっていく姿を目にし、あらためてアートの力を実感することができたのです。

　子ども達が描く絵に、苦しみや苛立ちが現れていることもあり、私にはそれは気づいてほしいというサインのようにも見えました。絵を描くことは、それ自体が自己表現であり、解放の手段なのです。

　子ども達は、問題をどのように片づけたら良いかわからないまま、自助作用として絵を描き、時には落ち着かない態度で衝動を解放しています。

　そんな様子に気づいたら、絵の意味を問うよりも、描いた時の気持ちを聞いてあげることが、子どもにとって安心できる関わりとなります。

　アートには、正解や勝ち負けがありません。あるのは、創造と表現という、人間の純粋な欲求から生まれるモチベーションだけです。

　人は、自分のあるがままを表現することで、内なる原動力に繋がることができます。体や気持ちが沈んだ時や、心が晴れない時は、頭を休ませてあげましょう。ただ絵をぼんやり見たり、落書きしたりするだけでも、心がリフレッシュします。

　本書で紹介する表現アートセラピーは、絵を描くだけではなく、体や声を使って感じるままに創作や表現を行う自由な心の健康法です。

　もしも、ご家庭でお子さんに気になることがある時は、この本を開いてみてください。問題を考えるよりも創造的になることで、答えが見つかることがあります。

　ひとたび、自分の原動力を見つけられた子どもは、自信を持って成長のためのチャレンジを続けることができるようになるはずです。

　表現アートの魅力を紹介するこの本は、子どもの心を柔軟にしながら成長の旅へと導く手助けをしてくれます。子どもたちが親しみやすいファンタジーの世界を題材に、チャレンジの旅がはじまります。「感じること」「創ること」「表現すること」「探究すること」について楽しみながら学ぶうちに、心と体が軽くなっていくことでしょう。

保護者のためのガイド

　心理療法のひとつに、フォーカシングという技法があります。悩みを言葉で表せない時や、考え過ぎて迷路に迷い込んだ相談者の、言葉にすることが難しい「感じ」をひもといていきます。

　このプロセスを絵や粘土を使って行うことで、とてもスムーズに問題の核心に届くことができます。表現アートセラピーは、言葉にならない感覚を説明する時に力を発揮するのです。

　大人でも複雑な心のわだかまりを上手く説明することはできないものですが、子どもならなおさらです。

　それどころか、子どもは問題自体を否認したり、親に心配をかけないように振る舞ったりしてしまいます。そうした中で知らないうちに心に重りが積み重なり、元気が失われてしまうのです。

　問題が軽いうちに、子どもの気持ちの中で対処することができたとしたら、どんなに安心できるでしょう。日常的に緊張していることにも気づけない子もいますので、気になる兆候があったなら、気持ちをほぐすために、遊び感覚で落書きをさせてあげましょう。

　そしてもしお子さんが興味を持ったら、本書を一緒にはじめてみてください。

子どものサインに気づくために

　子どもは、言葉ではなく、態度や行動でSOSのサインを出しています。いつもと違う状態が続いたり、食欲や元気がなくなったりした時は、注意が必要です。サインに気づくためには、日頃の見守りが大切です。

Q：子どもについて、こんな悩み、ありませんか？

- 無口、または、おしゃべりが止まらない。
- はじめてのことに取り組もうとしない。
- すぐ気が散って、話が聞けず集中できない。
- お友達と上手くつきあえない。
- ぼんやりすることや、ふさぎこむことが多い。

　自我の成長がめざましい学童期の子どもは、幼かった頃のように心を開かなくなります。傷つきやすく気分の変動が起こりやすくなると、親としては心配でしょう。そんな時は、無理に話を聞き出したりせずに、しばらく様子を見守りましょう。

　この時期は、協調性だけでなく自分軸を作ることを学ぶことも大切なのです。人に流され、自分の個性に気づかずに成長してしまったら残念です。個性については、本書の中の「自分軸」や「境界線」のワークがヒントになりますので、参考にしてみてください。

　自分の世界を大切にしながら、人と交わることができるようにするにはどうしたらいいか、一緒に考えてあげましょう。

この本の使い方

　この本では、表現アートセラピーの技法を通して、心について学びながら自分自身を知っていくステップ式のエクササイズやワーク（課題）が紹介されています。

　お子さんが興味を示した時が、スタートするチャンスです。できるだけ最初から順番でやってみるよう、サポートしてあげましょう。クレヨンやスケッチブックなどがあれば、すぐにワークをはじめられます。お絵かきや工作が得意なお子さんだったら、いろんな画材を揃えてあげると楽しんで取り組めるでしょう。

ワークシートがプリントできる

　右のQRマークがついているワークは、章扉から専用のワークシートがプリントできるようになっています。QRを読み取って、印刷してください。

QRマーク

　表現アートセラピーのエクササイズは、絵を描くだけではなく、体や声を使うものもあります。気分を変えるために、家の中だけでなく、戸外に出かけ自然の中で取り組んでみても良いでしょう。

表現アートセラピーとは？

　表現アートセラピーは、感じていることを、絵に描いたり、声や体を通したりして、「いま、ここ」の自分を表現する**統合的心理療法**です。五感へ働きかけることで右脳が活性化し、創造性の扉が開きはじめます。

　表現の方法は自由自在。上手い下手という評価を手放し、ありのままに表現することの楽しさを体験します。例えば、詩を書いたり、それを絵にしてから歌ったりすることで創造性が育つと、新しい能力を発見することができます。アートを通して心を開く楽しさと自由を体験して、心や体が自然にマインドフルネスの状態へと変化していきます。

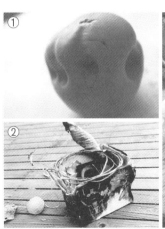

① 粘土の表現
② 立体コラージュ
③ グループアート
④ ボディ表現

はじめる前に
「未来の自分に手紙を書く」

　想像してみましょう。未来の世界で、今よりも成長している自分がいるとしたら、その自分に何を聞いてみたいですか？

　この本を読む前に、未来の自分へ手紙を書いてみましょう。

書けたら、大切にしまっておきましょう。

この本と出合ったきみへ

　きみは、自分のことをもっと知りたいと思ったことがありますか？
　だれかにわかってもらえない時、もしかしたら一番わかってほしい
相手は、自分なのかもしれません。

　自分のことを知りたいと思ったら、アートの力を借りて心のとびら
を開いてみましょう。

　この本の物語にそって読み進めていくと、絵を描いたり、体を動か
すワーク（質問や練習問題）に出合います。

　あせらず、ゆっくり、自分のペースで進んでいきましょう。きみが
本当の自分を知ったなら、自分をとっても好きになれるはず。

　この本は、知らなかった自分と出会い、親友になり、勇気を持って
前に進んでいくためのワークブックです。

思い当たることはある？

　だれでも、調子が悪い時があるものです。ここに書いてあるような
ことが、思い当たる人がいるかもしれません。

　でも、心配しないでください。みんな同じようななやみを持ってい
ます。大切なのは、すぐに「自分のことをだめだ」と決めつけないこ
とです。まず、今の自分を知ることからはじめましょう。

やる気がでない

　何となく、元気がでない。いろんなことがめんどうになり、
やる気がでなくてぼんやりすることが多い。

人に合わせるのが苦手

　家族や友だちとの会話がおもしろくない。気持ちをうまく伝
えられなくて、ごかいされるのがいや。

自分の意見が言えない

　人とちがうことをするのがこわい。自分の意見を言うときらわれるような気がして、いつもだまっている。

失敗することがこわい

　失敗することがこわいので、新しいことをはじめられない。やってもうまくいかないと、すぐに止めてしまう。

人とくらべてしまう

　自信がないので、競争するのが苦手。勉強や運動が、人とくらべておとっていると感じる。

今のなやみは何?

今、困っていることはありますか?

ワクワクしない、毎日がつまらない……。そんなスッキリしない気持ちや、気になることを書いてください。

絵を描いたり、落書きをしたりしてもかまいません。自由に書いてみましょう。

Poem

心の声を聞いてごらん

「毎日が楽しい？」
ある日、どこからか、声が聞こえてきました。
気のせいかな、と思っていると……。

「自分のことが好き？」
と、声がします。

だれ？　どこから聞こえるの？
そう言えば、毎日気持ちがすっきりしない日が
つづいていたことを思い出しました。

何だかいつも、気持ちがモヤモヤしてる。
でも、どうしていいかわからなくて……。
ずっとひとりぼっちで、
森の中を、さまよっているみたい……。

二つのとびら

心の声が言いました。
「今の自分のままでいいの？」
このままでいいなら、「変えないとびら」へ。
新しい自分に会ってみたいなら、
「変えるとびら」を開けてごらん。

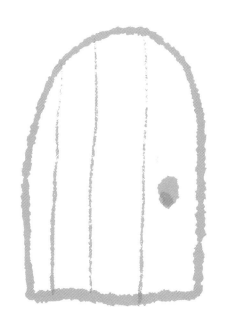

「変えないとびら」

どちらを開ける?

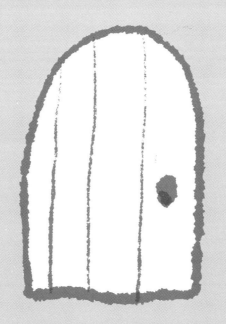

「変えるとびら」

「変えるとびら」をえらんだ人は、次のページに進む!

ねむりの森

とびらを開けると、そこは深い森の中でした。
みんな昼ねをしているのか、
森はしーんと静まり返っています。

木の上でいねむりをしているフクロウに、道をたずねました。
「帰り道？　そんなもの、この森にはないなあ。
知りたいことがあるなら、森を創った創造の神様にたずねてごらん」
そう答えると、フクロウはまたねむってしまいました。

「森を創った神様ってだれ？
帰り道がないってどういうこと？」

困っていると、木かげから
ドラゴンの子どもがあらわれました。

 # 登場するキャラクター

「きみはだれ？」

いきなりその子に聞かれ、ラビッタは困りました。

森に入ったところで、自分がだれなのか、

わからなくなってしまったのです。

「あなたこそ、だれ？」

答えに困ったラビッタは、男の子に聞き返しました。

「ぼくは、ちびドラ。この森の案内人だよ」

この森は一度足をふみ入れたら、深い谷をぬけ、

山をこえて行かなければ、帰ることができません。

ちびドラに教えられて、ラビッタは、ため息をつきました。

ラビッタ
（ミミ族の子ども）

　性格は明るく
て、やさしい。弱
虫でこわがりなの
で、いつもひとり
で遊んでいる。

ちびドラ
（ドラゴン族の子ども）

　ゆうかんで親切。
天国に住む「創造の
神様」と、地球の森
や海をつなぐメッセン
ジャー。

「きみは、ワクワクしたいからここに来たんじゃないの？」
不思議そうにちびドラは、ラビッタをのぞきこみました。

「ワクワクしたいなら、この森を探検しないと見つからないよ」

「わたしになんて、できるかな？　自分がだれなのか忘れちゃったのに」
ラビッタが半べそをかくと、ちびドラはニコニコしながら言いました。

「忘れちゃった自分を思い出さないと、お家に帰れないでしょ？
みんな、だれでもはじめはこわいよ。

でも、ちゃんと準備すればだいじょうぶ。
まず、**表現アート**の練習からはじめよう」

「表現アートって何？　どんなことをするの？」
ラビッタは心配になってたずねました。

「**見る力、聞く力、感じる力**を育てるために、絵を描いたり、
体を使ったりして表現することだよ」

準備しよう

　表現アートセラピーの練習に必要な、道具や材料をそろえましょう。絵を描く道具は、どこにでも売っている画用紙とクレヨンだけ。

　その他に、図工の時によく使う紙ねんどや、厚紙など、身のまわりにあるものを使いましょう。

道具

- 画用紙、スケッチブック、落書き帳
- クレヨン、パステル、えんぴつ、色えんぴつ、水さい色えんぴつ、サインペン
- ハサミ
- のり、木工用ボンド、セロハンテープ
- 新聞紙、色紙、おり紙
- 水さい絵の具、墨汁、筆
- 土ねんど、紙ねんど
- 紙コップ、紙皿、わりばし

あるとよいもの

　家の中や身のまわりにある不用品（ふようひん）や、リサイクルできるもの、自然（しぜん）のそざいをさがしてみましょう。

- 針金（はりがね）、モール、リボン、あさひも、毛糸
- シール、キラキラのり
- スポンジ、ビニールクロス
- 木のえだ、葉っぱ、木の実、貝がら、小石
- 段（だん）ボール、ペットボトル、空きびん、空き箱

1章　創造のとびら
「わたしはだれ?」

〈1つ目のひみつ〉

旅人は、森へやって来ると、

本当の自分を忘れてしまいました。

自分を忘れたら、自分の好きなものも、

大切にしているものも、忘れてしまったのです。

旅人は、自分を思い出し、

ふるさとへ帰るために、

1つ目のなぞをとくことにしました。

  QRを読み取ると
1章の印がついたワークがプリントできます。

「絵なんて描きたくないなあ。
わたし、あんまりうまくないし……」
ラビッタは、うかない顔。

「感じていることを、表現するんだから、
うまい、へたなんて関係ない。

感じる力を取りもどすと、大切なことを思い出すよ。
自分が忘れてしまったものとか……」

ちびドラに言われ、ラビッタは、ハッとなりました。
「そうか、わたしがこの森に来たのは、
自分がだれなのか、思い出すためだったっけ……」

「森を旅するためには、いろんな力を身につけないといけないんだ。
まず、さいしょに**五感の力**を教えてあげよう」

五感で感じてみよう！

きみは、**五感**という言葉を聞いたことがあるかな？　何かを感じることを、感覚って言うんだ。「**見る**」「**聞く**」「**におう**」「**味わう**」「**さわる**」の5つの感覚のことを、五感とよぶんだよ。

だれもが、目、耳、鼻、舌、皮ふの5つの通り道から、いろんな感じを受け取っているよ。でも、いつも考えごとをしていたり、何かに夢中になったりしているので、五感が働いていることに気づかないんだ。

● 「**五感**」は5つのセンサー

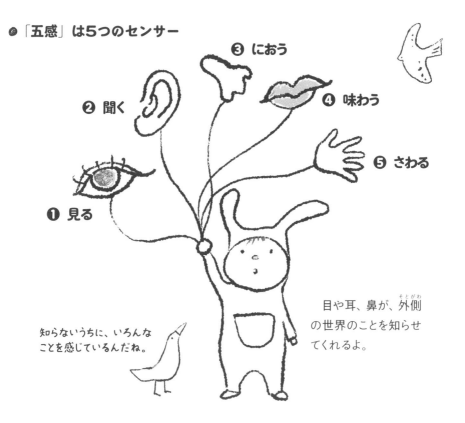

❸ におう

❷ 聞く

❹ 味わう

❶ 見る

❺ さわる

目や耳、鼻が、外側の世界のことを知らせてくれるよ。

知らないうちに、いろんなことを感じているんだね。

見る

きみは毎日、目を使っていろんなものを見ているけれど、ちゃんと見ていないこともあるよ。

たとえば、いつも使っているコップのもようや、手のひらのしわをはっきり思い出せるかな？

さあ、今日は、観察の練習をしてみよう。

スコープでのぞいてみよう

スコープを使うと、見ているものに集中することができるんだ。

スコープはこれ！
使い終わったラップやアルミホイルのしんが、スコープにへんしん！

近くから遠くまで見る

同じものでも、遠くからと近くから見るのとでは、ちがって見えるからおもしろいよ。

遠くから見る　　　近くから見る

フレームを使って見よう

厚紙の中を四角にくりぬいて、フレームを作ろう。フレームでいつものけしきをのぞくと、絵のように見えるよ。

お庭の木がかっこいい！

なぞってみよう

見ることがおもしろくなったら、今度は見たものを描いてみよう。そっくりに描くことはむずかしいけど、形をそのままなぞると、かんたんに絵が描けるよ。

りんかく線を描く

紙の上においた手のまわりを、えんぴつでなぞります。手を上げると、紙の上にきみの手のりんかく線だけがのこります。

こうすると、かんたんに手の絵が描けるよ！

いろんな形をなぞる

はさみやふで箱などデコボコしたものは、なぞりにくいけれど、ちょう戦してみよう。

かげを描く

ものに光をあてると、近くにかげができるよね。そのかげの形をなぞってみよう。

ライトが消えても、そこにかげがあるように見えるから感動するよ。

かげ

そっくりに描こう

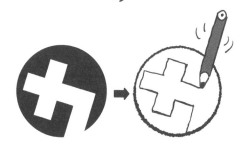

　線を描くことが楽しくなってきたら、次は**そっくりに描く練習**をしてみよう。

　形をそのまま写しとることを、**模写**と言うんだよ。模写の練習をすると、絵を描く力がつくよ。

模写のやり方

はじめは、もようの上に半紙やコピー用紙などのうすい紙をおいて、すけて見える形をなぞってみよう。なれたら、写す形を横においてよく見て描きます。

次の形を描き写そう

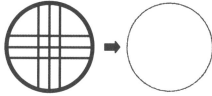

スコープを使って描く

　スコープの丸い窓の中に見える線だけを、じっと見て描いていこう。

きみもピカソ

　線を描くことになれてきたら、次は、自分の顔を描いてみよう。手かがみを持って、映った目や鼻、口のりんかく線を描いていくよ。ルールは、できあがるまで手もとを見ないで、かがみの中だけを見て描くこと。

　さて、どんな絵ができたかな？　まるで、ピカソのアートみたいになっているかもね！

手もとが
見たいな…

オリジナルのぬり絵を作ろう

　落書きが楽しくなってきたら、自分だけのぬり絵を作ってみよう。四角いワクを描いたら、その中に自由にえんぴつで線を描きます。

　えんぴつ線をサインペンでなぞったら、オリジナルのぬり絵のできあがり！

完成したら、色えんぴつで
色をぬってみよう。

右脳と左脳

きみは知ってる？　人間の脳の右側と左側では、ちがう働き方をするんだって。

文字を見たり計算したりする時は脳の左側、絵を描いたり音楽を聞いたりする時は、脳の右側が働いているそうなんだ。きみが毎日たくさん使ってるのは、どちらの脳だと思う？

落書きで休けいしよう

いっぱい本を読んだり、長い時間勉強をしたりすると、頭がつかれたことはないかな？　それは、もしかすると左側の脳ばかり使ってしまったのかもしれないね。

そんな時は落書きをしてみよう。
ゴチャゴチャした頭がスッキリし、
やる気がもどってくるよ！

点・線・面で描こう

　落書きを楽しくする方法があるよ。それは、エレメント画。手が動くまま自由に描くだけだから、失敗することもありません。

　モヤモヤした気分や、形がないものだって描けちゃうよ！

エレメント画って何？

　下のように、点や線、面をぬりつぶして描く表現を、エレメント画と言います。描き方は、点、線、面を組み合わせて描くだけ。利き手の他にも、いつも使わないほうの手や両手を使って、自由に描いてみよう。

点の表現

線の表現

面の表現

失敗しないから、好きなように描こう！

エレメント画にちょう戦

次の言葉から思いうかぶ形を、点や線、面で描いてみましょう。

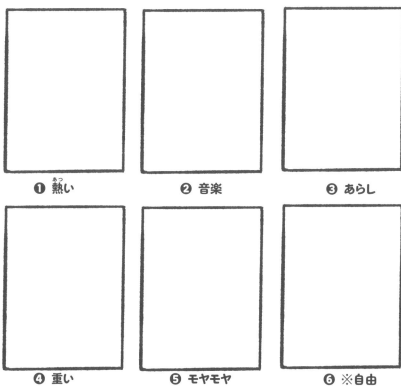

❶ 熱い

❷ 音楽

❸ あらし

❹ 重い

❺ モヤモヤ

❻ ※自由
好きなものを描こう

Q：これは何でしょう?

できあがったエレメント画を、だれかに見せて質問してみよう。

何だかわかるかな?

わかるかな…?

聞く

話を聞く、鳥の声を聞く、音楽を聞く……。耳はいろんな音の通り道。だけど聞きのがしている音が、まだたくさんないかな？

ほら、耳をすましてごらん。いろんな音が聞こえてくるよ。

音を聞きわけてみよう！

まわりから聞こえてくる音を、数えてみよう。スコープを使うと、いつもとちがう音を聞くことができるよ。

車、雨、洗たく機の音や、ギターの音。いったい、いくつの音が聞こえてきたかな？

楽器を作ってみよう

オリジナルのマラカスを作って、音と仲良くなろう！

用意するもの
- 空のペットボトル
- かざるのに使うもの
  （おり紙、のり、ハサミ、ペン、毛糸、ひもなど）
- 中に入れるもの（小豆、ビーズなど）

作り方
空のペットボトルの中に小豆やビーズを入れて、しっかりふたをする。ボトルの表面に好きな形に切ったおり紙やシールをはり、ひもでかざっておしゃれにする。

ペットボトルをおしゃれにへんしんさせよう！

音を描こう

目を閉じて、音を聞いてみよう。どんな色や形が、頭にうかんでくるだろう？　感じたことを絵にしてみよう。

スマートフォンなどを使って、QRから音を聞いてみましょう。何の音かわかったら、ワクの中に絵を描いてね。

❶

❷

❸

❶の音　　❷の音　　❸の音

Q: 何の音?
※答えは下を見てね

音色の絵まきものを描く

音には高い音や低い音があるよね。音を順にならべたものを音階と言うんだよ。音に色があるとしたら、どんな色だと思う？曲を聞きながら、音を色で表現しよう。

©Yoshie kubota
「Dance in the Rain」

やり方

❶ コピー用紙などの紙を横にならべ、つなぎ目を後ろからセロハンテープでとめて、長い紙を作る。

❷ QRにある曲を聞き、思いうかんだ絵を描く。

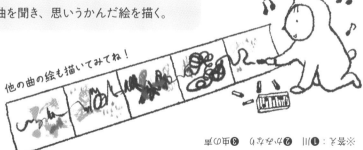

他の曲の絵も描いてみてね！

※答え：❶川　❷かみなり　❸虫の音

さわる

　はだで感じる感覚を、「しょっ覚」と言うんだよ。

　えんぴつや自転車のハンドルのかたさや冷たさ、おにぎりやスポンジのやわらかさ……。

　毎日、知らずにたくさんのものにふれています。かたをすりぬけていく風や、あたたかい陽の光やにおいなど、形のないものだって感じることができるんだ。

五感でピクニック

五感のピクニックに行こうよ！
風の音を聞いていると、草のにおいがしてくるよ。

お日様のあたたかさが気持ちいいね。

スコープでおもしろそうな雲を見つけたり、
虫の音を聞いたりしてみよう。

原っぱにスケッチブックを広げて、
感じたことを色にしてみると……。

ほら、五感がよろこんでいるよ！

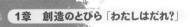

体の声を聞こう

五感を働かせると、体のおしゃべりが聞こえてくるよ！

体はいつも、きみに話しかけているけれど、きみは気がついていないのかもしれないね。

体はね、生まれた時からきみの命を包んでくれている大切な服みたいなものだよ。今日はゆっくり体の声を聞いてみようよ。

体は何て言っているのかな？

耳をかたむけてごらん！

ゲームの画面で、目がつかれてる

ねむたいなあ

もう、食べられないー

好きなおかずしか食べたくないや

あせがでたから水を飲みたいな

もっと、わたしを大切にして

すわってばかりはいや！もう、動きたいよ〜

体マップ

　体は、いつもサインを出しているよ。頭が重たかったり、鼻水がでたり、目がしょぼしょぼしたり、お腹（なか）がかたくなっていたり……。

　体の声を記録（きろく）して、体マップを作ってみよう。

体の声を記録する

　たとえば、頭は今、どんな感じ？　スッキリ？　モヤモヤ？
左目と右目、見えにくいのはどちら？　ムズムズ、ぽかぽか、
チクチクするところはない？

　体マップの中に、気づいたことを、色や形で描いてみよう。

聞き方
ぐったり、ムズムズ、
ぽかぽか、ズキズキする
ところはどこ?

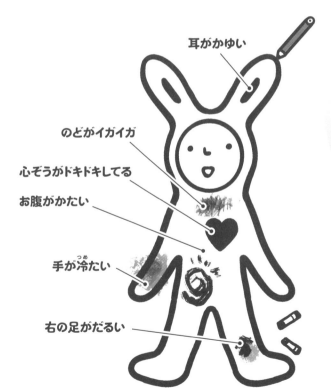

耳がかゆい

のどがイガイガ

心ぞうがドキドキしてる

お腹がかたい

手が冷（つめ）たい

右の足がだるい

体の声を毎日描け
ば、健康（けんこう）日記になるね。
QRから、ぬり絵をプ
リントしよう。

心の声を聞こう

　心って、目に見えないし、よくわからないことばかり。楽しみなのにこわくなったり、やる気が急にどこかにいってしまったり……。

　自分の心なのに、うまく操縦できなくなるってことない？　でもね、みんな同じ気持ちになるものなんだ。そんな時は、心のとびらをたたいてごらん。心と仲良くなって、気持ちについて教えてもらおう。

何て
言っているのかな？

ハートの中に、好きな色をぬってね。

心と頭は仲が悪い？

　心と頭と体は、ちぐはぐ……。思っていることと感じていることが、ちぐはぐになっていることってない？　やりたくないのに、がんばってしまう……。

　困ったことに、頭と心は仲が悪いらしい。

　頭の思うとおりに、心が動いてくれないと、体はどうしたらいいかわからなくなるんだね。

心のおそうじをしよう

　頭と心のケンカでつかれたら、整理ノートをつけてみよう。文章を書くこと、絵を描くことは、心のそうじになるんだよ。

　心がモヤモヤしたら、頭の中にうかんでくる言葉をどんどん書いてみよう。言葉にならない思いは、絵に描くといいよ！　きっと、心がスッキリするよ。

言葉にならない心の声を、エレメント画で描こう！

問題で遊ぼう

　こんな時ってない？　モヤモヤ、ドキドキ、しょんぼり、イライラなどの気持ちや心配なこと、考えてもわからないこと……。考えれば考えるほど、問題はまるで大きな荷物のように、重たくなってくるよ。

　そんな時は、考えるのを一休みしよう。頭の中の問題を、カバンの中に入れて遊んでみない？

◉ 問題の荷物

　カバンの中に、心にうかんだなやみや心配ごとの絵を描いてください。クレヨン、パステル、絵の具などを使って楽しく描いてね！

 カバンの絵をプリントアウトして使いましょう。

問題パズルを作ろう

問題の荷物の絵が描けたら、問題パズルを作ってみよう。

問題パズルの作り方

❶ 問題の荷物のカバンの絵を、の
りで厚紙（あつがみ）にはる。

❷ ①をハサミで好（す）きな形に切りぬ
き、パズルのピースを作る。

❸ ②のピースに、下の絵のように
切り目を１〜２カ所入れて、組
み立てられるようにする。

❹ ③を、好きな形に組み立てて
遊ぶ。

問題とおでかけ

　心配ごとやいやなことがあった日は、問題パズルといっしょにおでかけしよう。心のモヤモヤや気になることは、考えこんでも変わりません。

　そんな時は、気分を変えることが一番。さてと……、パズルはどこに行きたいのかな？

 遊び方

　問題のパズルを、いろんな場所においてみます。スコープでながめたり、写真にとってみたりすると、どんなふうに見えるかな？

木のえだにパズルを乗せてみたり、
パズルといっしょに木にだきついてみたり……。

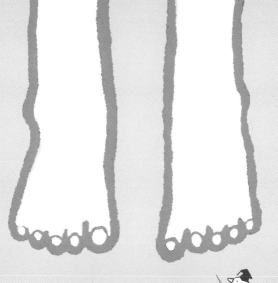

地球とつながろう

きみに、地球とつながるまほうを教えてあげるね。
足の裏を、大地とピッタリくっつけることを、
「**アーシング**」と言います。
気持ちよい草や、砂や土の上に
はだしになって立ってみてごらん。
あれあれ、すごいよ！
地球のパワーがどんどん足から伝わって、
きみの体に入ってくるよ！

あれ？
何だか、問題が
小さく見える。

大きな木になろう

　土や草の上に立っていると、なぜだか安心するね。こんなふうに地に足をつけることを、**グラウンディング**と言うんだよ。

　こうすると、地球から元気のパワーを受け取ることができるよ。

 ## グラウンディングのやり方

① 足をかたはばぐらいに広げて立つ。

② 体の中心を感じながら、足からどんどん根っこがのびていくところを想像（そうぞう）する。

③ のびた根っこが地球の中心にとどくと、地球のパワーが足から体に上ってくるのを感じる。

④ 自分が大きな木になったつもりで、空に向かってどんどんえだをのばしていく。

元気がなくなったら、
こうやって大地におうえんしてもらおう。

きみは創造の神様

「やったね！　これで、１つ目のなぞがとけたでしょ？」
うれしそうに、ちびドラが言いました。
「え？　どういうこと」
「森を創った神様を、さがしていたでしょう？
それって、きみのことだよ」
「神様？　わたしは、ラビッタよ！　あ、名前を思い出した！」

「音を描くことや、問題を作り出すことができたじゃないか！」
「問題なんて好きじゃない、作りたくて作ったんじゃないのに」

「作ったものが好きじゃなかったら、
好きに作り直せばいいのさ」

「ちびドラは、あんなこと言ってたけど、ホントかな？」
夜中に目がさめたラビッタは、
ひとりぼっちでこわくなってきました。

わたしが神様だなんて、
やっぱり、うそに決まってる。
わたしなんて、ただの石っころなんだ！
だれも、わたしのことなんて、好きじゃない。
ひとりぼっちはいやだよ、こわいよ。
だれか、助けて！

2章　表現のとびら
「きみは何者?」

〈2つ目のひみつ〉

みんな、本当の自分の姿を、

見せないようにかくしています。

本当の自分を見せたら、

きらわれてしまうと信じているのです。

だれひとり、本当の自分を知りません。

2つ目のなぞがとけたら、

きみは自分と出会えるでしょう。

 QRを読み取ると
2章の🔒がついたワークがプリントできます。

夜中に泣いていたら、
どこからか、声が聞こえてきました。

「きみがひとりぼっちなのは、
自分の**から**にとじこもっているからだよ。
助けを求めないと、だれもきみに気づけないんだ」

「みんなに見られるのは、
もっとこわいし、はずかしい！
それに、どうやって表現したらいいの？」

だいじょうぶ！　表現する方法を、
これから教えてあげよう。

 # 気持ちを表現しよう

　思っていることや、感じていることを、言葉や身ぶりであらわすことを「**表現**」と言います。

　表現することって、とても自然なことなのに、時々はずかしいと感じたり、こわくなったりすることがあるよね。

　それは、まちがえることや、どう思われるかを、気にしているからなんだ。大切なのは、伝えたい気持ちをまっすぐに表現してみること。そのための安全な方法があるよ。

表現はいろいろ

　表現は、伝えるためだけではなく、楽しむためにもあるんだよ。表現するには、いろんな道具や方法があるから試してみよう。

描く（絵を使った表現）

　思っていることや感じたことを、色や形で表現すると、不思議なことに心が軽くなるよ。

書く（文字を使った表現）

　感じていることを、詩や物語にして書いてみよう。ワクワクしてくるよ。

音楽（声や音の表現）

　声や楽器を使って、気分を表現してみよう。スッキリするよ。

おどる（体を使った表現）

　体を使って思いを表現してみると、言葉では伝わらないものがとどけられるよ。

創る（立体の表現）

　ねんどやブロック、いろんな材料を使って創ってみよう。組み立てるって、おもしろいよ。

感情チャイルド

　知ってる？　感情はきみの心から生まれたチャイルド（子ども）なんだよ。感情は、いつだって表現されるのを待っているんだ。きみが元気がない時に、だれかに気がついてほしいと思うように、感情もきみに何かを伝えたくて、声や態度で表現しているよ。

　感情のチャイルドのことを、もっと知ってみると、良い子も困った子も、同じように大切にしてあげたくなるよ。

感情チャイルド図かん

　感情チャイルドには、いろんなタイプの子がいるよ。みんな、助けてほしかったり、なぐさめてほしかったり、言葉にできなかった気持ちを伝えようとしています。

　きみの中には、どんな子がいるかな？

チャイルド❷ ビビリ

こわがりで引っこみ思案。いつも、びくびく、おどおどしているのに、にげ足が速い。

チャイルド❶ ワンダー

ワクワク元気いっぱい。笑うことが大好き。

チャイルド❸ ピリぷん

おこりんぼうで、よくものをこわす。にらむ、ぷんぷんこうげきが最強の武器。

チャイルド❹ えんえん

泣いてごまかしたり、うそ泣きが得意。泣き声で敵をあやつるわざを持っている。

チャイルド❺ ぐずモン

「わからない、できない」が、口ぐせ。やりたくない時は、いつもぐずぐずするか、引きこもる。

感情が教えてくれること

　感情って、いろんなことを教えてくれるよ。たとえば、悲しい時は胸がいたくなったり、はずかしいと顔が赤くなったり、いやなことがあったら、お腹が痛くなったり……。

　それは、感情が体とつながっているからだよ。感情を元にもどすには、ゆっくり呼吸をし、体にやさしくしてあげるといいよ。

きみは機械じゃなくて、人間なんだ。
感情は、きみに生きているということを教えてくれているんだよ。

心はなぞだらけ

心ってよくわからない。ときどき、
自分が何を感じているのか、わからな
くなるんだ。
　腹が立っているのに、
泣きたくなったり……。
こんなこと、感じるのは
自分だけなのかな？

　心って、なぞだね。一度に2つの感情がやってきたり、正反対の気持
ちになることもあるよね。感情をうまくあやつるのは、おとなでもむず
かしいものだから、わからなくても心配しないで！　これから、ゆっくり
学んでいこう。

感情レッスンをはじめよう

ラビッタ

　感情を表現するのって、やっぱりむずかしい。

　弱気になったり泣いたりすると、バカにされていじめられるし……。

　おこるときらわれるし、楽しくてさわぐとおこられたりするし……。

　やっぱり、表現しないで、がまんしたほうがいいよね？

表現って、
むずかしいなぁ

ルールを守れば、
だいじょうぶ！

チビドラ

　それは、きみが正しい表現の方法を知らないからだよ。

　感情はだれかにぶつけたり、がまんしたりするんじゃなくて、自分で受け止めてあげるといいんだよ。

　感情とつき合うためのルールがあるから、教えてあげるね。

感情ルール

　ゲームをする時にルールを守るように、感情の表現のしかたにも、ルールやこつがあるんだよ。

感情とのつき合い方を学ぼう

　感情ルールを守って正しく表現すれば、楽しい気分でいられるよ。

❶ 感情をかくさないこと。

❷ 感情をゆがめたり、曲げたりしないこと。

❸ 感情に気づき、ちゃんと感じてみること。

❹ 感情の表現を練習すること。

❺ 人に感情をぶつけないこと。

❻ 自分のきげんは自分で直すこと。

❼ 感情を人のせいにしないこと。

❽ 感じた理由を心に聞いてみること。

感情レッスン1

感情はお天気

　心が広い空だとしたら、感情は空にあらわれるお日様や雲や風のよう。みるみるうちに空の色が変わったり、太陽と雨がいっしょにあらわれたり……。

　心って、お天気のようにくるくる変わるから大変。天気予報があるように、心にも感情予報があったらいいのにね。

● まずは、今の気分から見つめてみよう

　感情は、つかめない雲のようです。みるみるうちに変わってしまうので、今ここにある感情を感じてみよう。

今日の空は何色？

今の気分は、どんな形をしているのかな？　ピッタリな形
の雲に、感じた色をぬってみましょう。

感情レッスン2

元気になれない時に

何もやりたくなくなったり、ワクワクしなくなってしまったりしたら、「落ちこみ」という感情を感じているかもしれないね。

そんな時は、むりをするのも、がんばるのもいけないんだ。まず、体の力をぬいて、心を休ませてあげよう。

とけて育つエクササイズ

ゆっくりとした動作で、次の動きをしてみましょう。

❶ 体の重みを感じて立つ

かたや頭に、重いものが乗っている感じで立つ。

❷ とけるようにたおれる

体がとけていくみたいに、ゆっくりと前にたおれていく。

❸ ゆかにねそべる

ゆかにうつぶせになり、しばらく動かないでじっとする。

❹ 動き出す

　動きたくなったら、ゆっくりと手をついて起きあがる。

❺ すわる

　すわったら、上の方を見てしばらくそのままでいる。

❻ 立ちあがる

　立ちたくなったら、ゆっくりと立ちあがる。

❼ まっすぐに立つ

　まっすぐ立ち、深呼吸(しんこきゅう)する。体に力がもどってきたのを感じる。

感情レッスン3

悲しいことがあったら

悲しいことがあった時、泣いたらダメだって思ったことはない？

大きくなると、人前で泣いたり悲しんだりすることが、はずかしいと思うことがあります。でも、悲しみは、がまんしてもなくなりません。

ちゃんと、やさしく流してあげましょう。

悲しみを流すエクササイズ

青は、悲しみに似ている色だよ。悲しい気分になったら、水さい色えんぴつの青色を使って、その気持ちを表現してみよう。

● 青い線を描いてにじませる

水さい色えんぴつの青色で、長い線を描きます。まっすぐな線をゆっくりと、紙のはしからはしまで何本も描いてみよう。

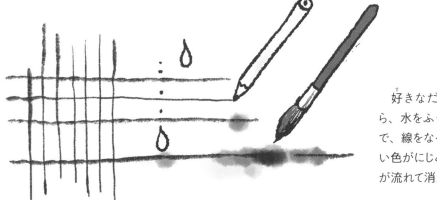

好きなだけ描いたら、水をふくませた筆で、線をなぞろう。青い色がにじみ、悲しみが流れて消えていくよ。

🔲 悲しみを入れる器

　気がつくと、心の空が悲しみの雨雲でいっぱいになっています……。そんな時は、悲しみを表現する練習をしてみるといいですよ。

❶ 悲しみを入れる器を作る

　白い紙ねんどを使って、悲しみを入れるお茶わんのような器を作ります。

❷ 器の中に悲しい声を入れる

　器を持って、中に向かって悲しみをあらわす声を出します。声を出しているうちに、泣きたくなったら泣いてもいいよ。

❸ 悲しみの声を聞く

　器の中に悲しみがいっぱい入ったら、器をそっと耳に近づけてごらん。何か小さい音が聞こえてこない？　その音をしずかに聞いてあげよう。だんだん、気持ちが落ち着いてくるよ。

ひとりぼっちになったら

友だちとケンカした後や、お家の人がいない夕方。ひとりぼっちで、さびしくなってくるよね。心が寒くてふるえているみたい……。

そんな時は、さびしい気持ちをあたためてあげようね。

● あたたかい色のパステルを使う

ひとりぼっちで心がふるえたら、あたたかい色のパステルを使って、さびしさをあたためてあげよう。

使う色は、黄色やピンクなどがおすすめ。あたたかみのある色で描いてね。

指で色をまぜる

パステルは、クレヨンとちがう使い方をするんだよ。紙に色を描いたら、やさしく指の先で色をまぜてみましょう。

ちがう色どうしをまぜると、いろんな色が作れるよ。好きな色が作れるように練習してみよう。

さびしさをあたためてあげよう

あたたかい色を作る練習ができたら、ラビッタのまわりを、
パステルを使いやさしい色でつつんであげましょう。

こわくなったら

こわくなると、何もできなくなっちゃう。心細くて、自分が小さい子みたいになってしまうんだ。

こわいものがなくなればいいけど、弱虫の自分にはむりって思ってるでしょう？　でも、きみは弱虫なんかじゃないよ。きみの"おそれ"ってやつが何なのか見てみよう。

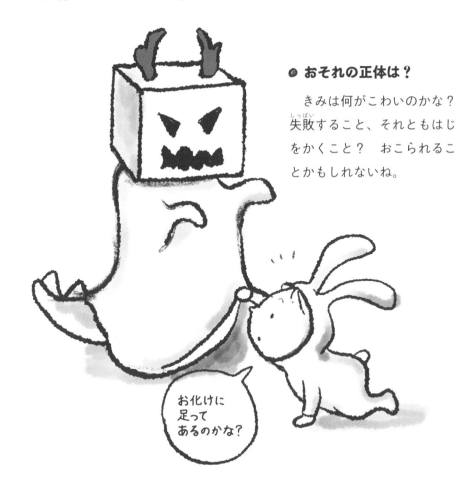

● **おそれの正体は？**

きみは何がこわいのかな？失敗すること、それともはじをかくこと？　おこられることかもしれないね。

お化けに
足って
あるのかな？

70

おそれをあばこう

　暗やみって、こわいよね！　でも、本当にこわいのは、何がでてくるのかわからないからだよ。こわいものからにげようとすると、もっとこわくなってくるよ。試しに、こわいものに近づいてみてごらんよ！

おそれに近づく

❶ おそれていることや、おそれる
　気持ちを紙に落書きして、かべ
　にはる。

❷ その絵をしっかりと見ながら、
　はなれたり近づいたりする。こ
　わい感じが変わってくる。

おそれの仮面を作る

❶ おそれの落書きを紙ぶくろや段
　ボール箱にはりコラージュす
　る。じかに色をぬったり、絵を
　描いたりしてもいい。

❷ 仮面ができたらかぶって、おそ
　れになってさけぶ。自分がおそ
　れになれば、こわくなくなるよ！

ヒント
こわい時は、目
を開けて、大き
な声を出すと、
勇気がわいてく
るよ。

感情レッスン6

いかりがわいたら

　腹が立つことってたくさんあるけれど、おこってケンカするのはいやだな。でもがまんしていると、イライラして楽しくないし、いつかばく発しそうだよ！

　こんな時は、どうしたらいいの!?

いかりをためこんでいたら、具合が悪くなるから、
体の外に出しちゃおう！

おこりんぼマウンテン

腹が立っている時って、自分が火山になったみたい。火山を土ねんどに見たてて、ばく発させよう。いかりのマグマから生まれた、おこりんぼの山を作っちゃおう！

いかりを発散（はっさん）するエクササイズ

❶ 土ねんどを用意し、いかりをぶつけるように、たたいたりねんど板にぶつけたり、足でふみつけたりしてみよう。

❷ つかれていかりがなくなるまで、休まずに続（つづ）けることが大切。いかりを出し切るまでやってみよう！

❸ いかりがだんだんとおさまってきたら、深呼吸（しんこきゅう）をしてから、土ねんどで火山を作る。

❹ 山のてっぺんからマグマが飛（と）び出しているみたいに、好（す）きなものをいろいろかざってみよう。まるで、いかりのマグマがとけていくみたいだね。

モール　色紙

心のゴミを片づけよう

　よく見ると、心の中には、いらないものがたくさんあるよ。ほうっておくと、心がゴミやしきになっちゃう！

　めんどうくさいかもしれないけれど、片づけてすっきりしようよ。

● 心と部屋は似てる？

　見たくない感情が、捨てられなくてたまってしまっている……。心って、片づかないわたしのお部屋みたい。

こんな感情は捨てちゃおう！

こんな感情いらない、でもどうやって捨てたらいいのかな？

❶ 後かい

終わったことを、いつまでもくやむこと。いくらくやんでも、昔にはもどれないし、前に進めないよ。

❷ うらみ

許せないことがあると、いかりがうらみになっちゃう。だれかをうらむと、自分にいいことがないよ。

❸ 焼きもち

焼きもちを焼くと、楽しい気分を感じられなくなるよ。早く手放して楽になろう。

❹ 迷い

いつまでも迷っていると、心の中で迷子になってしまうよ。勇気を出して一歩前に進もう！

次のページにいらない感情を食べてくれるゴミくいモンスターがいるから、食べてもらおう！ 用意はいいかい？ 1、2、3！（ページを開く）

いらないものを、
ゴミくいモンスターが食べてくれるよ！

ぜ〜んぶ、

食べさせちゃえっ！

ゴミくいモンスターは、感情が大好き。いらない感情がある時は、このページを開いてモンスターに食べさせよう！　心がスッキリするよ！

感情レッスン8

心の雨やどり

　今日の気分は、雨もよう。なかなか晴れない気分の時は、感情レッスンだってしたくなくなるよね。そんな時は、一人で考えこまずに、だれかと話をしよう。

　話し相手が見つからない？　そんな人には、とってもいい相手がいるよ。次のページで紹介する人は、ひみつを守ってくれるから、安心して話してみよう。

心が晴れない時は、雨やどりしようよ。

宇宙人カウンセラーに相談

お話ししたくなったら、今の気分をぜんぶ宇宙人カウンセラーに話そう。宇宙人は未来からやって来るから、話す時は1つだけルールがあるよ。宇宙人にわかる言葉（宇宙語）で話すこと。

宇宙語ってかんたん

宇宙語を知らなくてもだいじょうぶ。めちゃくちゃに話すと、宇宙語になるんだ。気持ちが晴れるまで、宇宙人カウンセラーに聞いてもらおう。

❶ 宇宙人を作る

紙ねんどを使って、自分が思う宇宙人を作る。かわいたら、色をぬる。

❷ 宇宙人とお話しする

できあがったら目の前において、好きなだけ「めちゃくちゃな宇宙語」で話しかける。

どう？　スッキリしたら心の空ににじがかかるかもね。

心が折れそうになったら

心の中が問題でいっぱいになって、それを一人で抱えていたら、きみの心はそのうちポキンと折れてしまうかもしれない……。

そんな時は、迷っていないでSOSを出そう。相談できるのは、家族や友だちだけじゃないんだよ。

重すぎる荷物を持とうとしていない?

SOS を求めよう！

　紙に言いたいことを書くと、なやんでいることがはっきりするよ。なやんだら、まず自分の中の創造の神様に手紙を書いてみよう。

　紙に描いた絵や言葉を、宝箱にしまっておこう。きっと、創造の神様がかなうように手伝ってくれるよ。

おねがい
SoS!

いつでもハッピー

　いつもいい気分でいられたらいいけど、毎日うれしいことばかりが起こるわけじゃない。でもね、どんな時もいい気分ですごす方法があるんだ。

　それは、ただ笑顔になること。「え？　そんなかんたんでいいの」と、思うでしょう。くよくよ考えていてもなやみがなくなるわけじゃないから、試してみようよ。

● **マラカスを持って、
歌っておどろう！**

　好きな歌を歌うと、何だか楽しくなってきます。音楽やダンスは心や体を元気にしてくれるんだよ。

1分で幸せになる方法

　幸せになりたいのなら、暗い顔でいないこと。

　気持ちを変えるのはむずかしいけれど、表情なら変えられます。笑顔になると世界が変わって、不思議だけど本当に元気になってくるよ。

幸せは自分の表情から

　かがみに顔を写してみよう。なやんだままでいいから、笑顔になってみて！　気持ちが楽になってくるよ。

笑いはパワー

　おもしろいマンガや動画を見て、たくさん笑おう。気持ちが明るくなると、問題が気にならなくなってくるんだよ。

上を向いて、胸を広げよう

　空に向かって手を広げてみよう。上を向いていると、気分がよくなってくるよ。悲しいことがあったら、やってみよう。

　きっと希望がわいてくるよ。

心をリセットする

　心にたまった荷物やゴミを片（かた）づけたのに、何だか心が落ちつかなくなることがあるんだよ。そんな時、心に栄養（えいよう）を入れてあげるといいよ。

　たくさん心のそうじをしてつかれたら、しっかり休んで、心を元気にしてあげよう。

なやみがなくなると、
寒いのかな？

何となくソワソワして落ちつかない時は、心の中を好きな色でみ（す）たしてあげようよ。

カラーヒーリング
色で元気になる

　色には、心や体を元気にしてくれる力があります。ただ心の中で、想像するだけでいいんだ。体の痛みやモヤモヤした気分を、やさしい色でつつんであげよう。

❶ 元気にしたいもの（心や体の部分）を決める。

❷ 体全体をピンク色でつつまれていると想像してみる。

❸ ピンク色をすい込むように深呼吸する。体全体が楽になっていくのを感じる。

空っぽになった心のスペースを、好きな色でいっぱいにみたしてあげよう。ピンクや黄色がおすすめだよ。

きみはダイアモンド

心のお庭をほっていたら、
大きな石ころがゴロゴロ、ラビッタは、どろだらけ。

「自分が何者かわかった？」
そこにあらわれたチビドラが聞きました。

「こんなに心をほっても、まっ黒な石ころしか見つからない。
わたしって、この石ころなのかも……」
ラビッタは、泣きそうになって言いました。

「そうだよ！その黒い石ころがきみだよ。
それは、ダイアモンドっていう石なんだ。

ダイアモンドは、はじめは黒いけど、みがけばかならず光るんだ。
自分を信じたいなら、もっと自分をみがいてごらん。
本当の自分が見えてくるよ」

世界中で一番かしこい森の王様に会えたら、
いろんななぞがとけるはず。
「わたし、きっと王様を見つけだす！」

なぜかとても勇気がわいてきたラビッタは、
王様をさがしに、深い森や海へと、
探検の旅にでることにしました。
旅をしながら、自分を知っていくうちに、
おもしろいことがわかってきたのです。
「この森には、いろんな住人が住んでいたんだ」

心を写す窓
知ってる自分、見知らぬ自分

　自分には、いろんな顔があるんだよ。友だちとつき合う時の顔、人には見せない顔……。そして人に見られている自分には、気づけない横顔や、自分がびっくりするような見知らぬ自分がいるらしい。

　自分って、知れば知るほどわからなくなってくるよ。

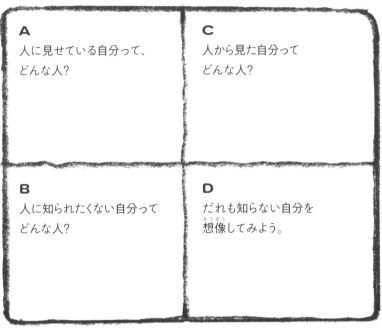

A
人に見せている自分って、
どんな人?

C
人から見た自分って
どんな人?

B
人に知られたくない自分って
どんな人?

D
だれも知らない自分を
想像してみよう。

A、B、C、Dの窓に絵を描いてみよう

　ワークの紙をプリントして、左上にAの絵、左下にBの絵、右上にCの絵、右下にDの絵を描いてみよう。Cの絵は、友だちや家ぞくに聞いて描こう。

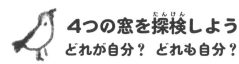

4つの窓を探検しよう
どれが自分？ どれも自分？

Aの窓・自分の表の顔

人に見せている自分の顔の特ちょうを絵にしてみよう。

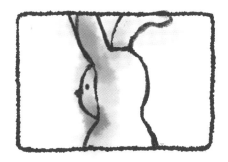

Cの窓・自分の後ろ姿

人は自分をどんな人だと思っているのかな？ 人に聞いた自分の特ちょうを描こう。

Bの窓・自分の裏の顔

人には見せたくない自分の裏の顔を絵にするとしたら、どんな感じだろう？

Dの窓・未知の自分

まだ知らない自分のむげんの才能や、よく見る夢の絵を描こう。

● いろんな自分がいるのは当たり前

人に見せているAの顔だけが自分のすべてではないし、いろんな自分がいることは、自然なことなんだ。

自分の正体をさぐろう
自分はどこにいるのかな？

　自分の顔が見える窓は楽しめた？　自分って一人なのに、いろんな顔があって不思議だよね。

　もしかすると、自分が自分のマジックにかかっているのかな？　自分って、まるで手品師みたいだね。

● 自分の正体は？

　いろんな顔の自分が何人もいて、みんなでかくれんぼしているのかも！

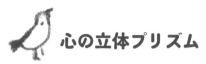

心の立体プリズム

　自分が立体的に見えてくる、三角形の**立体プリズム**を作ってみよう。スタディ１で描いたＡ、Ｂ、Ｃの３つの窓の絵を使って、プリズムを作ることができるよ。

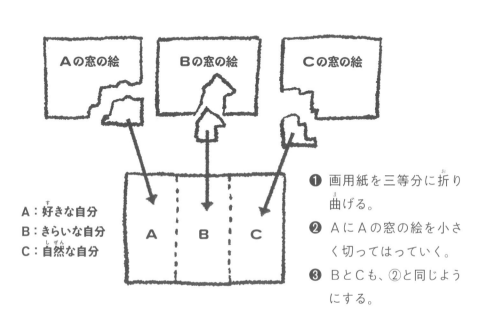

Ａの窓の絵

Ｂの窓の絵

Ｃの窓の絵

Ａ：好きな自分
Ｂ：きらいな自分
Ｃ：自然な自分

Ａ　Ｂ　Ｃ

❶ 画用紙を三等分に折り曲げる。

❷ ＡにＡの窓の絵を小さく切ってはっていく。

❸ ＢとＣも、②と同じようにする。

プリズムの自分とお話ししよう

　できたプリズムを自分だと思って、ながめてみよう。自分を外側から見ると、どんな感じがする？

　自分にはいろんな部分があるけれど、ぜんぶ自分で、その自分を見ているのも自分だね。やっぱり、自分はよくわからないや！

自分プリズム

うそつき仮面
本当の顔はどんな顔？

　だれでも人に見せたくない顔があります。本当の顔をかくすために、みんな**うそつき仮面**というマスクをつけているんだよ。自信が持てない自分のことなんて、知られたくないかもしれないよね。でも、ずっとマスクをしたままでは、きゅうくつそうだなぁ……。

チビドラ
「本当の顔を見せるのが、
なぜいやなの?」

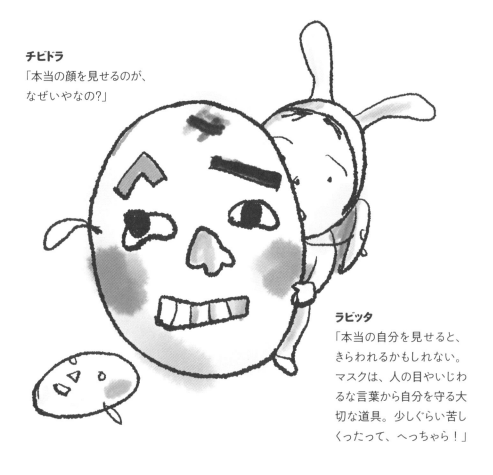

ラビッタ
「本当の自分を見せると、
きらわれるかもしれない。
マスクは、人の目やいじわ
るな言葉から自分を守る大
切な道具。少しぐらい苦し
くったって、へっちゃら!」

仮面は役に立つ？

平気なふりをしたり、親切そうに見せたり、元気なのに病気のふりをしたり……。人は、いろんなうそつき仮面を持っているよね。

でもそれって、本当に役に立つのかな？　どれが本当の自分の顔か、わからなくなりそう。

いろんな表情をデザインしよう

顔って、いろいろ表情があるよね。マスクだとバレないように、いろんな表情のマスクを作ってみよう。

仮面の作り方
❶ 顔がかくれるぐらいの紙皿や紙のボウルなどに仮面の顔を描く。
❷ おり紙をはったり、かざりをつけたりしておもしろく工夫する。

仮面をはずそう

仮面の自分をかがみで確かめてみよう。不安な時は、いつでも仮面をつけてもいいんだよ。

でもふだんは、素直な自分を忘れないために、はずして本当の顔にもどろう。

天使とあくま
好きな自分は、天使？

　好きな自分は、天使に似ているよ。やさしくてまじめで、よい行いをすることができるんだ。うそをつかないし、親切で友だち思いでもあるんだよ。

好きな自分を描く

❶ 好きな自分を絵にする
　自分の得意なことや長所、好かれている性格や、好きな部分を絵に描く。

❷ 自分の長所を書く
　自分の得意なことや長所、好かれている性格や、好きな部分を文字で書く。

宿題
どうしたら、もっとよい部分がのびていくのかな？　楽しく想像してみよう。

どっちが自分？　どっちも自分
きらいな部分は「あくま？」

ときどき、自分はあくまになります。ひねくれて、おこりんぼう、焼きもち焼きで、意地が悪い……。こんな自分は、あくまに似てる？

きらいな自分を描く

❶ きらいな自分を絵にする

自分のきらいな部分、やってしまった失敗、いたずらを絵に描く。

❷ 自分の短所を書く

自分の弱みや短所、よくないと感じる性格などを文字で書き出す。

> **宿題**
> 悪い自分を責めずに、みとめてあげよう。あくまは、自分にきらわれてさびしがっているのかも。

● どちらの自分も大切にする

二人とも、実は同じ自分の中にいるキャラクターだよ。あくまの自分は、めんどうくさい人だけど、その人だって自分の一部だと考えてみよう。

自分キャラクター
心の中の住人たち

　自分の中に天使とあくまがいるなんて、ちょっとびっくりだった？　でもね、きみの心の国には、もっといろんな人たちが住んでいるよ。

　みんなちがう性格をした子たちが、毎日ワイワイしているんだ。だからときどき頭の中がうるさくって、心の部屋が片づかないのかもね。

ふだん、
かつやくしているのは
だれかな？

指人形を作ろう

　人形の顔を描いた画用紙を切って指にまいたら、指人形がかんたんにできるよ。頭の部分を紙ねんどで作ると、楽しいよ！

仲良しはだれ？

　キャラクターたちは、自分の分身だよ。いろんな性格の子がいるけれど、全員が仲良しとはかぎらないんだ。さて、きみの中には、こんな子たちがいないかな？

よい子のプリンセス
天使キャラの代表。
やさしくて、いつもニコ
ニコ、がんばりやさん。

お茶目なピエロ
おどけた子。ふざけ
たことばかりしてい
て、勉強がきらいだか
ら、いつもおこられて
いる。人を笑わせて、
楽しませるのが好き。

こわいおまわりさん
きびしくて、悪いこと
をしないか見はって
いる。宿題をさぼる
と、お説教をしてくる。

キャラクターたちと
おしゃべりしよう

　指人形ができたら、指につけて、
みんなとおしゃべりしてみよう。
おもしろいよ！

ようこそ、わたしの王国へ
ここは、不思議ワンダーランド

　きみの心を、一つの王国にたとえてごらん。その国には、いろんな性格のキャラクターたちがくらしています。心の町や村には、自分のきょうみのあるものが、たくさん集まっているよ。

　感情のお天気や気温も毎日変わり、季節もめぐってくる王国がきみの心だよ。

● 自分の王国はどんな形？

　きみの王国の形を想像してみよう。そこは、日本のような島国かもしれないし、アメリカのような大きな大陸かもしれないね。

王国の箱庭を作ろう

　自分の心の王国のミニチュアを作ってみよう。心の王国の中に、何があるのか、だれが住んでいるのか、想像しながら楽しんで作ろう。

❶ 王国の形を作る

　画用紙をつなげて新聞紙大の大きな紙を作り、自分の王国の国境（こっきょう）の形に切り取る。山や町や村、道などをおり紙などを切ってはっていく。

❷ 心の中にうかんでくるものをコラージュする

　国の中に、自分のお気に入りのグッズや、きょうみのあるもの、知っていること、いつも思っていることなどを、絵に描（か）いたり、写真を切りぬいたりしてはりこむ。

❸ 国民（こくみん）を作る

　自分の中にいる、いろんなタイプのキャラクターの指人形を村や町の中においてみよう。みんなは、きみの王国の国民だよ。

パズルをくみたてて、たてたもの。

王国の城
自分の中心はどこにある？

　王国は楽しくできた？　そこに、りっぱな自分のお城を建てよう。お城にはシンボルタワーという高い建物があります。タワーは遠くからもよく見えて、灯台のように国中を照らしているよ。

　シンボルタワーは、自分の中心となる大切な「**自分じく**」のようなものだよ。

●「**自分じく**」って何？

　自分じくは、自分の考えや意見をえらぶものさしのこと。自分の感じ方や正しさは、だれかに決められたり押しつけられたりするものではなく、自分で決めるものなんだ。

王国にシンボルを建てよう

自分じくの**シンボルタワー**は、自分の信じているものや、大切にしているものでかざります。

美しいガラスのビンや、思い出の絵本、好きな詩や物語、自分の一番大切にしている家族や友だちの写真や絵などでかざろう。

シンボルタワーの作り方

タワーをかざりつける

ラップやアルミホイルのしんなどを使って、シンボルタワーを作ります。しんのまわりを、写真や絵、ビーズなどでかざり、てっぺんに紙ねんどで作ったシンボルや旗をつけて自分らしいタワーをデザインしよう。

王国を完成させよう

タワーができたら、王国の中心におきます。これで、きみだけの王国が完成だ！

自分らしさを見つける
人と関わることの大切さ

　人と自分とはちがうところがあっても、仲良くなることはできるよね。自分と人とのちがいは、「**個性＝とくちょう**」だと思えばいいよ。個性は、「**自分らしさ**」なんだよ。友だちの、自分にはないとくちょうにきょうみを持ったり、似ているところに安心したりして、仲良くなっていくんだね。

● 境界線は安全でいるための線

　世界にはたくさんの国があり国境があるように、人の間にも、おたがいをわける**境界線**があります。**境界線**はかべではなく、自分と相手を大切にし安全でいるための線なんだよ。

アサーションって何？

　人と仲良くすごすためには、**アサーション**という方法があります。**ア
サーション**は、自分と相手の両方を大切にしながら、おたがいの気持ち
を伝える方法だよ。

　アサーションのルールを守って人とつき合うと、安心で楽しくすごせ
るよ。

自分ばっかりではなく、
相手のことばっかりでもない、
おたがいがハッピーがいいね。

**Q：友だちや家族との間で、アサーションをうまく使えているか
　　考えてみよう。**

　友だちとうまくいかない時、おたがいが自分のことばかりになって
いるのかもしれないね。アサーションのルールを使って、相手と自分
の両方を大切にしなければいけないんだ。

スタディ9

自分を守る
NO という勇気

きみと他人との間には、体というはっきりとした境界があります。自分の体は、どんな理由があっても、だれかに傷つけられたり、勝手にさわられたりしてはいけないよ。

もしも、そんなことが起こったら、はっきりと「いやだ」という勇気を持とう。がまんしていると、相手は悪いことをしていることに気づけないよ。

きみには、自分の体を守る責任があるよ。

● 気持ちをはっきり 伝える

相手がふざけているつもりでも、押されたり、ぶたれたりしたら、いやだという気持ちを表現しよう。

助けを求めよう！

心にも、人にふみこませてはいけない線があります。

だれかに心を傷つけられるようなことを言われたとしても、それを本気で信じてはいけないよ。それは、その人の意見なのだから。

そして、言われたくないという気持ちを相手に伝えることも大切だよ。

もし相手に言っても、いやな言葉を言われつづけたなら、だれかに相談して助けてもらおう。

いじめるような人の意見など、大切じゃないよ。そんな人の言うことなどおそれないで、自分の心を守ってあげよう。

こんなことがあったら、知らせよう！

❶ 体を傷つけられた時

ぼう力を受けたら、かならずだれかに相談しよう。

❷ 勝手に体にふれられた時

ここち悪いと感じたら、すぐに大きな声を出そう。

❸ いじめを受けたら

いじめになやんだら、家族やしんらいできる人に相談しよう。

ひとりでかかえないこと

だれかに知られたくないと思うかもしれないけれど、一人でなやんでいないで、だれかにちえを借り、助けも求めよう！

幸せルール
王国のルールは自分で決める

　自分が何が好きで、何にきょうみを持ったらいいのかは、だれかに決めてもらうものじゃないよ。だれかにきらわれないために、自分の考えを曲げたり、意見を持たなかったりすると、きみの**自分じく**（タワー）はなくなってしまうよ。

　自分で選び決めるのは、ちょっぴり心細いかもしれないけれど、きみは王国の王様なんだ。自分の国のルールは自分で決めて、幸せになろう！

王かんを作ろう

王かんは、王様の大切なシンボル。そして、自分が大切にしたい**考え**や**ルール**のシンボルでもあるんだ。自分にぴったりのステキなかんむりをデザインして、自分の王国を平和にしよう。

❶ 型紙を厚紙にはり、切りぬいて2まいをはりつけ組み立てる。

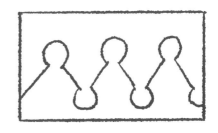

❷ 色をぬったり、おり紙やかざりをはりつける。

❸ 表面を、ビーズや木の実、シールなどでかざる。

マイ・ルール（王国の法律）を決めよう

王様は、**王国のルール**を決めることができます。自分を幸せにするルールって何だろう？

マイ・ルールの例

1 自分の気持ちを大切にする
2 体の声を聞く
3 時間を守る
4 いじめを許さない
5 自分にも人にもやさしくする

王様はわたし

さがしていた王様は、自分だったんだ！
自分の王国を幸せにするのは、わたしの役目。
だれかと自分をくらべていても、幸せになんてならない。
だれかと競争して勝っても、楽しくない。

幸せになるためにできることは……。
それは、自分を大切にすること。
感情をきらわないで、正しく表現すること。

自分の中にいるいろんな自分と仲良くすること。
心を開いて、友だちと助け合うことだったんだ。

自分を知ると、自分のことが好きになってくる。
自分を好きになれたら、自信だって持てるんだね！

道は続くよ、どこまでも

自分を好きになると、
何をしていても、毎日が楽しいな。

遊んでいる時も、ごはんを食べている時も、
ピアノのレッスンをしている時も、
何でもうまくいくような気がする。

でもね、ある日、同じことをくりかえしていたら、
だんだんつまらなくなってきた……。

これでいいのかな……。

もっとうまくなりたいし、
やってみたことないけど、
やってみようかな。

でも、失敗したら、どうしよう！
こわいな、止めようかな。

やってみたけど、
やっぱうまくいかないや〜。
わたしにはむりなのかも……。

4章 成長のとびら
「青い鳥をさがして」

〈4つ目のひみつ〉
山をこえたら、また山がやってくる。
いつまで登ったら、
ゴールにたどり着くんだろう？
答えが知りたかったら、
「おそれ」という木をさがしてごらん。
そのえだの先っぽにとまっている青い鳥が、
答えを知っているから……。

ラビッタは、かべの前で立ちどまってしまいました。
困って、助けを呼ぶと、あの声が聞こえてきました。

きみがぶつかってるのは、
かべなんかじゃない。
それは、階段だよ。

行きづまった時は、ぶつかるんじゃなくて
上に登るんだ。

うまくいかなくなった時は、
がっかりして下を向いてちゃいけないよ。

上を見てごらん。
光が見えるから……。

チャレンジ1

おそれは変化へのとびら
「だいじょうぶ、きっとできるよ！」

　ものごとが、とつぜんうまくいかなくなることがあります。それは、かべをこえるチャンスが来たというサインだよ。

　何かにちょう戦する時には、「**おそれ**」という名のかべがあらわれます。

　でもね、かべは、きみをじゃましているものじゃなくて、新しい世界につづくとびらだよ。

　失敗するおそれを感じたとしても、あきらめないでチャレンジすれば、成長することができるんだ。

　困ったことがあらわれた時が、成長のチャンスだよ。

よしっ！
やってみるぞ！

チャレンジしなかったら、
赤ちゃんのまま……。

ピンチはチャンス！

成長への道は、階段みたいに1段1段
登っていくものだよ。

今までの失敗を役立てよう

失敗した思い出を、できないいいわけに
しないこと！　失敗は、自分をきたえてく
れる練習問題なんだ。

失敗は、「何度でもいろんな方法を試して
ごらん」と、教えてくれています。

もうちょっとだ、
がんばれっ！

失敗から学んだことを書く

❶ あきらめずに、できたこと。

❷ こわかったけれど、今はだいじょうぶに
なったこと。

❸ 失敗して気づいたこと。

８つの才能
かくれた力を見つけよう

　新しいことにチャレンジする時には、かくれている力をさがすといい
よ。勉強や運動ができない？　才能って、そんなものだけじゃないよ。
まだ見つかっていない力がたくさんあるから、さがしてみよう。

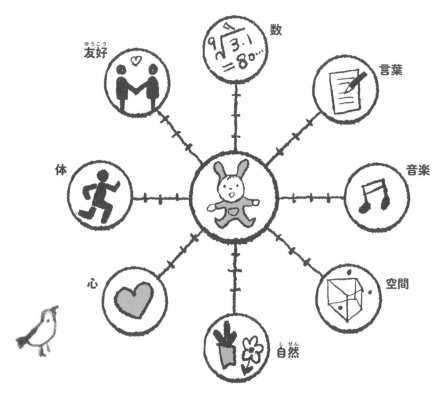

● ８つの才能とは

　８つの才能は、すべて人間が持っているものだけど、人によって得意
なものとそうでないものがあるよ。きみは、どの能力が高いのかな？

❤ 才能はいくつある？

　自分の才能であっても、まだあらわれていない力に気づくことはむずかしいんだ。不得意（とくい）なものがあっても、気にすることはないよ。人とくらべないで楽しんでいたら、ある日、急に才能がひらくことがあるよ。

① 数と組立ての能力
計ったり、組み立てたり、数えたりする力。形のなりたちを理解する力。

② 言葉の力
聞いた言葉や見た文字を、正しく理解（りかい）しおぼえる力。

③ 音楽の力
音やリズムを聞き分ける力。楽器（がっき）をかなでたり、歌を歌ったり、作ったりする力。

④ 色と空間の力
見たものを、画ぞうやえいぞうで記おくする力。色や形のちがいがわかる力。

⑤ 自然（しぜん）の力
宇宙（うちゅう）や自然界にきょうみを持ち、調べて学ぶ力。

⑥ 心の力
心で感じていることや、命や感情（かんじょう）にきょうみを持ち、理解する力。

⑦ 体の力
体の感覚（かんかく）や、しげきを感じる力。運動の力や健康（けんこう）をたもつ力。

⑧ 友好（ゆうこう）の力
人と仲良（なかよ）く会話できる力。相手の気持ちを理解したり、自分の気持ちを伝（つた）えたりする力。

得意な力や、のばしたい力、きょうみがあることを書こう！

ありがとうのまほう
思いやりを受け取る

　きみたちは、ひとりで大きくなれたわけじゃないよね？　毎日、ごはんを食べたり、公園で遊んだり、学校に行って勉強したりできるけれど、それって当たり前のことなのかな？

　これまできみは、いろんな思いやりに守られて、たくさんの親切を受け取ってきたはず。それに気づいたら、いいことがたくさん起こりはじめるよ！

● 感しゃを集めよう

　ありがとうの気持ちのことを、「感しゃ」って言うんだよ。

● 思いやりは、心と体のえいよう

　だれかからやさしくしてもらったり、親切にしてもらったりすると、心があたたかくなってきます。やさしさは、心の栄養にもなるんだね。

120

感しゃマップを作ろう！

　自分が生まれてからこれまで受け取ったいろんなプレゼントを思い出して、**感しゃマップ**を作ろう。

　それは、ほしかったおもちゃだったり、やさしさのようなものだったり……。小さかった時から今まで、受け取ってきたものはたくさんあるはずだよ。

 感しゃマップの作り方

　大きな画用紙に、受け取ったギフトの写真や絵をコラージュする。

❶ **思い出写真**

　まず、真ん中に今の自分の写真をはる。そのまわりに、うれしかった思い出の絵を描いたり、写真をはったりする。

❷ **思い出グッズ**

　どこかに旅をした時の入場けんやスタンプ、チケットなどをはる。

❸ **もらったプレゼント**

　これまでもらったプレゼントを絵に描（か）いてはる。

ありがとう日記を書こう

　「ありがとう」という言葉には、まほうの力があります。何度も口に出すと、不思議（ふしぎ）！　いいことがたくさん起こりはじめるんだ。試（ため）しに、きみもすぐにやってみて！　毎日感じた「ありがとう」を、日記に書いていこう。

チャレンジ4

お宝ボックス
宝の道具箱

　きみの心には、いざという時に役に立つアイデアの種がつまった宝の道具箱があるんだ。それは、一見ガラクタみたいに見えるけれど、いつか役に立つかもしれないものなんだ。

　好きで、きょうみを持って集めたものや、ぐうぜんに出合った絵本など……。それらには、何か大切なメッセージがあるんだよ。困った時には、その道具箱があることを思い出してごらん。

◉ 宝箱を作ろう

　気に入った大きさの箱を
見つけて、好きな色にぬっ
たり、写真をはったりして
楽しくデザインしよう。

好きなものを入れよう

　自分がこれまで好きになったもの、出会った人、ぐうぜん手に入った
チケットや、図書館で気になって読んだ本など……。これらの自分の目
や耳から入った情報は、すべてきみの宝なんだよ。これをうまく使える
ようになるためには、ちょっとしたコツがいるんだ。

ヒント1　気になるものがサイン

　ぐうぜんのできごとの中に、サインがあるよ。何かひらめいたら、直
感にしたがって行動してみよう。

ヒント2　組み合わせを楽しむ

　1つのアイデアとべつのアイデアを組み合わせると、意外な思いつき
が生まれることがある。

ヒント3　ピンチがチャンス

　困った時、あきらめずに解決しようとした時に、意外なアイデアを思
いつくことがある。

● ボックスに何を入れる？

友だちリスト

ミニチュア人形

お守りの石

思い出の手紙

行動するための予定表

情熱を表現する詩

　ボックスの中に新しいア
イデアのヒントや、困った
時にたよりになる友だちの
リスト、サイコロやトラン
プなどを入れておこう。

チャレンジ5

あこがれの星になろう
なりたい自分になる方法

　なりたい自分になるためには、あこがれている人をお手本にするといいよ。きみの好きな人、そんけいする人、焼きもちを焼くほどすてきな人を思いうかべてごらん。

　そんな人を自分のお宝グッズにする方法があるから、試してみようよ！

● 身のまわりの星をさがして

　あこがれの人は、スーパースターでもいいけれど、身のまわりにいるそんけいする大人や、うらやましいと思える友だちをさがそう。

✓ 理想の人はどんな人？

　きみのあこがれの人はどんな人だろう？　その人も、昔だれかにあこがれて、夢をかなえたのかも。きみは、その人のどこにみりょくを感じているのかな？　何にひかれるんだろう？　どんなところを真似してみたい？　その人のことを、くわしく研究しよう。

あこがれポイントをさがそう！

その人が大切にしているものは
何だろう？

性格のタイプは？

どんな歩き方や
しゃべり方？

どんな本を
読んでるのかな？

どんな髪型や
ファッションが好き？

なりきりワークにチャレンジしよう

　その人の特ちょうをつかんだら、その人になったつもりですごしてみよう。その人だったら、どう考える？　どう行動するのかな？
　真似しているうちに、だんだん自分が理想の自分に変わってくるよ。どんなに真似しても、自分のよさはなくならないから心配ないんだよ！

チャレンジ6

質問力をつけよう
問うことが答え

　きみのそんけいできる人に会えるとしたら、どんなことを質問したい？大人になった時のお手本にしたくなる人について、くわしく調べてみよう。その人がかがやいてるのが、なぜだかわかってくるよ。

質問力って何？

　問いは、答えとセットになっているよ。「なぜ？」と思ったら、答えを知りたいという強い気持ちが生まれます。

　それは、知らないことを知るチャンス。だから、どんどん質問をして、質問力を身につけよう！

✔ あこがれの人に質問しよう

スターの人たちにはオーラがあるって聞いたことがない？　自分がもっと光るためには、あこがれの人からえいきょうを受けるといいんだよ。

会いたい人がいるなら、何とかして会いに行こう。そして、その人が持っているオーラのひみつを聞きだそう。きみの質問力が、きっとなぞの答えを見つけだすよ！

Q その人に聞いてみたい 質問を考える

（例）
- 一番苦労したことは何ですか？
- どんな子ども時代でしたか？
- 好きな遊びは何ですか？
- にがてな勉強はありましたか？
- どうやって、困難を乗りこえたのですか？

あこがれの人にインタビューする

身近にあこがれる人がいたら、その人に会って、いろんなアドバイスをもらおう。どうしてやりたいことができたの？どうしたら力が出せるの？　ちょくせつ会ってインタビューしてみよう。きっと親身になって教えてくれるはず。

チャレンジ7

ぼう険マップ
願望が教えてくれること

　成長するためには、自分を守っていた「おそれ」のわくをこえていくんだよ！　行きなれた公園に出かけることは、ぼう険じゃないよね？　はじめてのことにちょう戦することが、大切なんだ。

　行ったことがないところに、出かけてみよう。最初は、小さなチャレンジでいいんだよ！　大切なのは、やってみたいという小さい自分の願いをかなえてあげること。願望のエネルギーが、成功への道すじを教えてくれるよ。

ぼう険の内容
❶ 知りたいことを調べる
❷ 見てみたいものを見に行く
❸ やってみたいことをする
❹ 行ってみたいところに行く

決めたら、
勇気を出して出発しよう！

ガイドマップを作ろう

　まずは、目標（もくひょう）を決めよう。そして、行ってみたいところ、やってみたいことなどを描（か）いた**ガイドマップ**を作るよ。

　これで、自信（じしん）がなくて後まわしにしていたことが、実現（じつげん）していくよ！

❶ 知りたいことを調べる

　ぎもんがわいたら、すぐに自分で調べてみよう。本やインターネットでさがすといいよ。

❷ 見てみたいものを見に行く

　「百聞は一見にしかず」ということわざがあるくらい、見ることは大切！　調べたものを、じかに見に行こう。

❸ やってみたいことをする

　思っているのと、やるのは大ちがい。何でも、やってみたいことにちょう戦してみよう。

❹行ってみたいところに行く

　まずは、近くの行ったことがない公園、図書館、山や海に行ってみよう。そしていつか、日本中や、世界中まで行ってみよう！

終わりのない絵本
旅する夢の種

　種が、花や実になっていくように、きみも毎日成長していくんだよ。きみが種だとしたら、どこに旅をしたいのかな？　そこで種のきみは、どんな発見をするんだろう？　旅する間に、種はいろんな人に出会うよ。その時、種は何を学ぶのかな？

　お話を考えて、**イメージ（想像する）力**をふくらませながら、旅する夢の種の絵本を作ってみよう。**想像力は、創造する力＝ものを作り出す力**になるんだよ。

旅をしながら、種はどんな夢を見るのかな？

終わりのない絵本を作ろう

　夢の種が、ぼう険していくお話を考えてみよう。種は、きみ自身。物語には終わりがあるけれど、この種の物語はずっとつづいていく「**終わりのない物語**」なんだよ。

絵本の作り方

1. お話を書く　　主人公の性格や住んでいる世界や時代を、自由に考える。

❶ **お話のはじまり**
いつ、どこで、だれが、
何をしているのかな?

❷ **お話が深まる**
種はどんなことを思ったり、
のぞんでいるのだろう?

❸ **変化が起こる**
種に事件が起こる!
どう、乗りこえる?

2. お話に絵をつける

　お話の場面の絵を描く。

3. 絵をつないでいく

　できた順に、絵の裏からセロハンテープでとめて、おりたためるように、つないでいく。物語がつづくかぎり、絵をつなげていけば、終わりのない絵本ができる。

メッセンジャーになろう
世界に幸せをとどける

夢の種が旅するみたいに、これからきみは、もっと広い世界へと旅していくよ。今まできみは、たくさんの人からやさしさや助けを受けとってきたように、きみも親切な気持ちを伝えていく役目があるんだ。

人はだれかを幸せにした時、自分も強く大きくなって、幸せになれるんだよ。

メッセージを伝える人を、メッセンジャーと言うんだよ。
わたしたちはみんな、メッセンジャーになれるんだ！

● メッセージは ハートから

何を伝えるかは、きみしだい。親切は、決まった形があるわけじゃないんだ。きみが心からの笑顔を見せるだけでも、すてきなメッセージになるんだよ。

 # 旅のパスポート

　自分が伝えたいことを伝えていく旅に、パスポートを持って行こう。パスポートには、自分の得意なこと、人の役に立てる能力を書いておきます。

パスポートの作り方

日本のパスポートはこんな感じ！

❶ 小さいメモ帳を用意し、外に色紙をはって、自分だけのオリジナルパスポートを作る。

❷ はじめのページに、自分の写真をはる。旅がはじまる時の心がまえを、書いておく。

❸ できあがったら、チャレンジした体験を書いていく。旅の写真やだれかにお世話になった思い出、自分が人の役に立てた体験や学べたことなどを、記録しておこう。

親切のメッセンジャー

　受け取った親切を、あたえてくれた人にお返しすることが**恩がえし**だよ。自分が受け取ったものを、あたえてくれた人以外の人たちに送ることを、**ペイ・フォワード（恩おくり）**と言うんだ。そうやって、親切を送っていくと、国や時代をこえて、幸せがずっと広がっていくんだよ。

チャレンジ10

夢をさがす旅にでよう
ワクワクを友だちに

　今までよくがんばったね！　夢に向かって旅立つ準備はできた？　どんな夢をかなえたいのかが、わからなくってもいいんだよ。大切なのは、夢をさがしに行く勇気と希望を持つことだから。

　きみがあこがれるものや感動できるものが、夢のお手本になるんだよ。さあ、ワクワクといっしょに、夢をさがしに行こう！

● ワクワクを忘れない

　今ワクワクすることや、おもしろいと思うことを、毎日メモしておこう。そのワクワクが夢の種になるよ！

ドリームバルーンを作ろう

きょうみを持ったりワクワクしたりしたら、そのことを調べて、写真を集めておこう。たくさんワクワクの種を集めて、**ドリームバルーン**にはりつけていくよ！

① 台紙を作る
白い紙を何まいかつないで大きい紙を作り、できるだけ大きな円を切りぬく。

② 絵や写真をはる
アドベンチャーマップや会いたい人リストで描いた絵や、写真を①にはる。

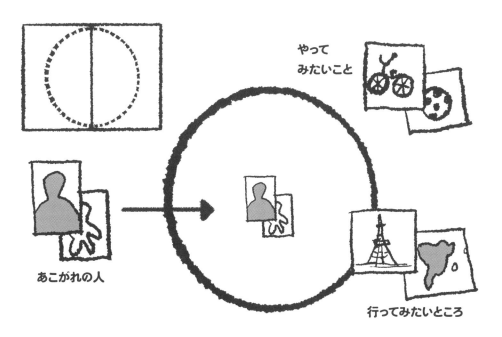

やってみたいこと

あこがれの人

行ってみたいところ

③ ワクワクと毎日いっしょに行動する
かんせいしたら、部屋のかべにはろう。後は毎日楽しく行動するだけで、がんばらなくてもだいじょうぶ。いい気分ですごしていると、ドリームバルーンがきみを夢へと案内してくれるから。

きみは幸せの青い鳥

ある日ラビッタは、迷いの森の上を、
美しい青い鳥になって飛んでいる夢を見ました。

とても楽しそうに、
森に住む人々に幸せの青いはねをとどけています。

雲の上からチビドラが、にこにこ手をふり言いました。
「青い鳥は、きみだったんだよ……」

朝起きると、まくら元に、ありがとう日記。

「創造の神様へ。
すてきな夢を見せてくれて、ありがとう!
今日も、たくさんの幸せをとどけに行ってきます」

日記にそう書くと、ラビッタは、
元気よく出かけて行きました。

旅のおわりに
「過去の自分に返事を書く」

　心の森の旅はいかがでしたか？　旅の中で何を思い、どんなことを学びましたか？　この本を開きはじめた時の自分は、すでに**昔（過去）の自分**です。はじめる前に「未来の自分へ」を書き記した昔の自分に、返事を書いてあげましょう。

12ページの未来の自分への手紙に答えてあげましょう。

まとめ

1章：創造のとびら

はじめに、自分自身に**創造性（作り出す力）**があることを学びました。うまくいかなくても、何度も作り直せるのだということを忘れずに。

2章：表現のとびら

つぎに、表現することの楽しさを学びました。表現は相手がどう思うかではなく、自分がどう感じているのかに気づくためのものです。表現することは、**自分らしさ**を知るための練習なのです。

3章：探検のとびら

心は、不思議の森です。自分の心の森を**探検する方法**や、元気になるためのちえを学びました。そして、自分がその森の王国を作り、**幸せルール**を作った王様だということを思い出すことができました。

4章：成長のとびら

最後は、**チャレンジ**することの大切さと楽しさを学びました。失敗をおそれていると、自分のおりの中から出ることはできません。広い世界に旅立つために、夢を描きながら前に進みましょう。

問1：新しい世界を楽しんだり、成長するためにできることは何ですか？
（ヒント）チャレンジする時に、役立つ感情は？

問2：自分のみりょくは、何ですか？　世界に提供したい自分の能力は、何ですか？

最後にいっしょに旅をしたラビッタや、ちびドラにもお手紙を書いてね。

ラビッタとちびドラへの手紙

保護者のかたへ
～あとがきに代えて

　主人公のラビッタは、心の森で迷子になり、お家に帰りたいと願いました。家とは安心する場所でもあり、自分が大切にしているものを表しています。何よりそれは、心の拠り所である自分軸のようなものだからです。

　表現アートセラピーでは、自分軸を持つという考え方を大切にします。子どもにも分かる言葉にするとしたら、「自分の大切にしているもの、好みや個性そのもの」です。お子さんが自信を失っている時、一番好きなものや、得意なものを思い出させてあげましょう。それが、その子の戻るべき場所、拠り所（お城）だから。

　ラビッタを励ましながらやさしく導いていったちびドラは、答えをすぐに教えるのではなく、自分で見つける楽しさを体験させようと応援しました。

　正しい答えやルートを教える前に、子どもが探し出せる機会を作ってあげることを表現アートセラピーでは重要視します。

　自分で探し見つけたものは、貴重な宝物となります。そして、自分にそれを探す力や選ぶ自由があることを自覚できるようになります。自分で考え、探究しながら答えを見つけることで、潜在的な能力が表に現れてきます。

　子どもは、悩んでいることを表現するのが得意ではありません。例え

ば、甘えたくても、兄弟姉妹に遠慮しているうちに、いつの間にか何も感じないようにしてしまうこともあります。これでは、感じていることを、言葉にできそうにありません。

　表現アートセラピーの効果の１つに、問題の「見える化」があります。心の中のわだかまりを、アートの力を借りて、自分の目で見ることができます。アートで表現をすることは、誰かにぶつけたり、押しつけたりすることがありません。表現したあとの心の負担にもなりにくいので、とても安全なセラピーだと言えます。

　この本を作る最大のモチベーションとなってくれたのは、「子どものための表現アートセラピーの本があったら良いのに」という親御さんの声でした。本書を手がけるきっかけをくださった編集者の林聡子さん、創元社の中本美苗さんありがとうございました。その他にも、オリジナル曲を提供してくださったYoshieさんをはじめ、沢山の方々にご協力いただきました。この場を借りてお礼を申し上げます。
　最後に、表現アートを楽しんでくれる愛すべきセミナーの参加者のみなさん、そしてアトリエワイエスの仲間へ、心から愛と感謝を贈ります。

　たくさんの子ども達のところに、夢の種が届きますように……。

　　　　　　　　　　　　　　　　　　　　　　　　　　　吉田ェリ

[著者]

吉田エリ
よしだ

表現アートセラピスト／
アトリエワイエス主宰

多摩美術大学グラフィックデザイン学科卒業後、企業デザイナーを経て、絵本作家として独立。雑誌の他、書籍装丁のイラストレーターとしても活躍する。後に、米国カリフォルニアのパーソンセンタード・イクスプレッシブ・アートセラピー研究所にて、表現アートセラピーを学ぶ。ベティ・エドワーズ博士の「脳の右側で描け」ワークショップの経験から、アートが心に与える影響や可能性に目覚め研究や専門のトレーニングをはじめる。既存のアートセラピーの枠にとらわれない自由な視点から、オリジナルのワークショップの開発に取り組む。現在は、心の葛藤を解放する「マインド・デトックス」や傷ついた自己を再生する「インナーチャイルドワーク」などのワークショップの提供や、カウンセリング、執筆を中心に活動。

著書に、『週末だけのキッチンガーデン』(クレオ)、『はじめてのアートセラピー』『絵が描ける脳をつくる』『アートセラピーで知る　こころのかたち』『もう落ち込みたくないと思ったら読む本』(すべて河出書房新社)など。

[アトリエワイエス　ホームページ]　http://atelier-ys.jp

子どもの心がどんどん軽くなる
こころ　　　　　　　　　　　　かる
家庭でできる"表現アートセラピー"
かてい　　　　　　　ひょうげん

2023年7月10日　第1版第1刷発行

著　者　　吉田エリ

発行者　　矢部敬一

発行所　　株式会社　創元社

　　　　　　〈本　　　社〉　〒541-0047　大阪市中央区淡路町4-3-6
　　　　　　　　　　　　　　Tel.06-6231-9010㈹
　　　　　　〈東京支店〉　〒101-0051　東京都千代田区神田神保町1-2　田辺ビル
　　　　　　　　　　　　　　Tel.03-6811-0662㈹
　　　　　　〈ホームページ〉https://www.sogensha.co.jp/

印　刷　　株式会社　太洋社

心が落ち着き、集中力がグングン高まる！

子どものための
マインドフルネス

キラ・ウィリー [著]　アンニ・ベッツ [イラスト]
大前泰彦 [訳]

ISBN：978-4-422-11685-3
定価：1,980円（税込）
B5判変型、並製、96頁

雲や木になってみたり、子ネコの背のびや
クマさんの呼吸をやってみたり……本文総
ルビ付きのオールカラー、やさしい語り口と
愉快なイラストを用いて、簡単で楽しくて効
果的な30のマインドフルネス・エクササイズ
を紹介。心と体をじょうずにコントロールす
る方法を身につける。

**おはようからおやすみまで、
毎日のルーティンの中で楽しくできる！**

子どものための
マインドフルネス2

キラ・ウィリー [著]　アンニ・ベッツ [イラスト]
大前泰彦 [訳]

ISBN：978-4-422-11774-4
定価：1,980円（税込）
B5判変型、並製、96頁

一日の活動を起床、通学、学習、遊び、
食事、就寝の6つの場面に分け、本文総
ルビ付きのオールカラー、やさしい語り口と
愉快なイラストを用いて、手軽に取り組む
ことができる30のマインドフルネス・エクサ
サイズを紹介。心を落ち着かせ、集中力
を高めるための方法を身につける。